AF175005

Poemas cotidianos

Rafael Gómez Pérez

GÓMEZ PÉREZ, Rafael *Poemas cotidianos*, Edición al cuidado de Germán Rueda, Ideas y Libros ediciones, Madrid, 2024, 112 pp. 16 X 16 cm.

© IDEAS Y LIBROS EDICIONES

© de los textos, su autores. © de las imágenes, sus autores.

Papel: ISBN -   978-84-17892-85-2   EAN EN PAPEL: 978-8417892852

Digital: ISBN -   978-84-17892-86-9   EAN DIGITAL: 9788417892869

Depósito legal: M-20926-2025

Una vez superados los gastos de producción, los derechos de autor correspondientes a este libro serán donados a *Cáritas*.

Queda prohibida la reproducción total o parcial de este libro por cualquier medio o procedimiento, comprendidos la reprografía, el tratamiento informático y la distribución de ejemplares digitales mediante alquiler o préstamo público sin permiso previo y por escrito. Todos los derechos reservados.

Ideasylibros.ed@gmail.com https://ideasylibrosediciones.blogspot.com/

VENTA EN PAPEL: Librerías en España. Además:

grupoediciones19.bajodemanda.com

Península Ibérica, Canarias y Baleares https://www.agapea.com/

Argentina *CUSPIDE http://www.cuspide.com/ *MANDRAKE mandrakelibros.com.ar *OZONUM Mercado Libre https://listado.mercadolibre.com.ar/

Brasil *O ATENEUM www.oateneum.com.br

Colombia *LEMOINE EDITORES www.librosyeditores.com *BIBLIOSTORE Mercado Libre https://listado.mercadolibre.com.co/ *LIBRERIA DE LA U www.libreriadelau.com

Chile *BIBLIOSTORE CHILE - Mercado Libre https://www.mercadolibre.cl/ *Voy a Leer www.voyaleer.cl / *WePrint

Ecuador *POWER STORE BOOKS www.powerstorebooks.com *THE BOOKS LINK www.thebookslink.com

Estados Unidos: *Ingram-US

Guatemala *SOPHOS

Méjico *BIBLIOSTORE México - Mercado Libre https://www.mercadolibre.com.mx/ *Librerías GANDHI www.gandhi.com.mx/ *Librerías GONWIL www.gonvill.com.mx

Perú *ALEPH IBD (Mercado Libre) https://listado.mercadolibre.com.pe/ *Librería SBS https://www.sbs.com.pe

Uruguay *MERCADOLIBROS (Mercado Libre) https://mercadolibros.uy/ *PALACIO DEL LIBRO S.A. www.libreriapocho.com.uy

DIGITAL: https://www.casadellibro.com/

¿Desde dónde se pueden comprar los eBooks?

España, Portugal, Austria, Alemania, Argentina, Bélgica, Chile, Chipre, Colombia, Eslovaquia, Eslovenia, Estonia, Finlandia, Francia (Guayana Francesa, Guadalupe, Martinica, Reunión, San Pedro, Miquelón, Wallis y Futuna.), Grecia, Irlanda, Italia, Luxemburgo, México, Mónaco, Países Bajos, Polinesia Francesa, Reino Unido, Suiza.

ADEMÁS https://vivlio.casadellibro.com/

Argentina, Chile, Colombia, España, Francia, México y Reino Unido

Poemas cotidianos

ÍNDICE

Prólogo

Unas líneas para justificar la cara un tanto prosaica de estas estrofas de versos endecasílabos libres de rima. He intentado expresar mi modo de ver distintas cuestiones del ser humano y de cómo le va la vida hoy, en estos tiempos líquidos y desatinados, pero, al fin y al cabo, los nuestros.

No toda poesía tiene por qué ser vistosa. Hay múltiples ejemplos de poemas construidos sin incluir las bellas y eficaces figuras de lenguaje que en otros tiempos se consideraban casi indispensables. Pero un poco de mala conciencia o de resquemor me ha llevado a anteponer a estas estrofas un soneto que intenta acercarse al estilo clásico, con un toque, casi inane, de pretendida belleza.

Gentil soneto que en límpidas rimas
cantas al alba y a la nívea musa:
deseo que en estos versos tú dirimas
si mi canción acierta o es intrusa.

Soneto como este apenas se usa,
no están para lo lírico estos climas,
el gusto actual el pasado rehúsa.
Pero anhelo que en tus versos exprimas

el ardor que en el pecho nos induce
a amar de aurora los rosados dedos
tan gratos antes como son ahora,

e iniciar esa senda que conduce
a la Arcadia feliz, que aún se añora:
donde todo lo bello se trasluce.

Inicio

1. Lo obvio

Me criticas que canto lo que es obvio,
pero incluso lo obvio no es tan obvio.
Lo obvio solo es obvio por encima:
cuando arrascas lo obvio, salen chispas.

Es obvio que vivimos y morimos,
que por amor perdemos y ganamos.
Se nos va el tiempo en esas obviedades,
casi sin darnos cuenta, como es obvio.

2. Prosaico

Bien yo quisiera que se desbordasen
por mis teclas metáforas de plata,
cada palabra una exquisita perla
para los neocursis gustos de hoy.

Pero me sale así, con el prosaico
decirlo al aire del roman paladino.
¡Ojalá fuera críptico y difícil,
y ser interpretado y no entendido!

Me contento con ver el día a día
discurrir desde el alba hasta la noche,
con disfrutar sereno las tranquilas
ráfagas suaves de lo cotidiano.

3. No es relativo

No es acertado *relativizar*
porque incluye que todo dé lo mismo.
La palabra es *simultaneizar*,
que al mismo tiempo y en lugares varios

miles de actos distintos, contrastados,
se están dando a la vez y se valoran
desde las simultáneas perspectivas
de ojos tan variados como pájaros.

Nadie hay mayor o menor que nadie
en la nativa condición humana.
No hay plantas superiores o inferiores
que todos somos ramas simultáneas.

4. Didáctico

Dices que mis poemas son didácticos
como si no fuera poético enseñar.
Te ruego que te fijes: *enseñar*
es solo y simplemente el *mostrar*

lo que se piensa y siente, por si alguien
al encontrarlo quiere hacerlo suyo.
Si somos todos de una misma pasta
o, si prefieres, de idéntico barro,

no es extraño que aquello que yo muestro
lo enseñes tú también, que original
tan solo puede ser quien, sin origen,
es el origen de todos los orígenes.

5. No abuso de generalizar

La poesía no entiende de abstracciones
porque nace de instantes singulares.
Por eso no generaliza, y no
canta a *la* flor, sino a *esta* flor.

La poesía da el sanar del abuso
de generalizar, de por un caso
juzgar a cientos, porque en poesía
se ama lo fragmentario y lo incompleto.

Si se vive en clima de poesía
se educa a la razón, para que aprenda
que cada ser humano es un racimo
de luces, sombras, soles y tinieblas;

que hay que acercarse a él con pies de pluma
para entenderlo y para no incluirlo
en rígidos esquemas que no dicen
lo singular de ser este y no otro.

6. Angustia

¿Se puede ser poeta sin un halo
de negra angustia, de dolor inmenso?
Si no se puede, yo no soy poeta,
a lo más, artesano de estos versos.

Que alguien me desgarre el corazón,
que me claven los clavos de los odios,
que el mundo entero se me venga abajo
y gima como Job o Jeremías.

Pero me temo que aun en la tragedia
esbozaré una sonrisa ingenua
porque el sol sigue ahí con sus caricias
y hay unos ojos enfrente de mis ojos.

El mundo

1. Cambiar el mundo

Para esas personas generosas
que dicen que desean cambiar el mundo
y que, empezando ya por ellas mismas,
son, sin presunción, muy buena gente,

tengo, por infortuna, la noticia
de que cambiar el mundo no es posible.
Desde que el mundo es mundo se conoce
la mala sangre que destila el odio,

la inocencia humillada y ofendida,
el déspota campeando, convencido
de que de nada se le pedirá cuenta.
Y el hambriento tragándose su hambre.

Solo es posible que aumente la suma
de gente cuidadoras de otra gente.
Y en un fluir de dones generosos
iluminar el mundo: algo es algo.

2. Redes

La gloria de los días se nos acaba
como el río que muere en el desierto
añorando los saltos del instante
en que brotó con toda su inocencia.

El mundo es un trajín de afanes varios,
acciones tras acciones tras acciones,
ir y venir de varias vanidades
y un perseguir pequeñas famas huecas.

El mundo es un cuchicheo continuo
en la urdimbre de esas redes sociales:
electrónico cedazo en que cribar
la harina gruesa de opiniones necias.

Cuídate de esas redes engañosas,
redes de arrastre donde caen, pescados,
en la barca de fatuos influencers,
cardúmenes de pobres boquerones.

3. De todo hay

El mundo siempre ha ido bien y mal:
afirmación ramplona, incontestable.
Aquí alguien mata, aquí alguien muere,
allí se ríe y en un rincón hay llantos.

Aquí hay guerra, aquí hay violaciones,
allí una voz suave sana al solo.
O una leve sonrisa cicatriza
una herida infectada de tristeza.

Si ya sabemos que hay malo y que hay bueno,
tengamos el tenaz atrevimiento
de amarrarnos al bien, tal como Ulises
de ondulantes sirenas ante el canto.

4. Noticia

La noticia de ayer, letra pasada.
La de hoy camina hacia el olvido.
Algo se hizo viral veinte minutos
y otro viral lo destronó enseguida.

Qué antigua la obsesión de actualidad,
una avidez de conocer lo último:
se olvida que mañana segará,
insensible guadaña, todo hoy.

Y por mucho que digas *carpe diem*,
nada puede impedir que el día se vaya,
que se deslice en el reloj de arena
hasta la playa donde todo muere.

5. Tecnología

Cada vez está más afilada
la orgullosa tecnología de punta,
que ha creado un mundo paralelo
al de la mar, la tierra y las libélulas.

Pero no se confíe: si hay un fallo
general y global de lo virtual,
el mundo digital se queda en cueros
enseñando electrónicas vergüenzas,

y no se encontrarán hojas de higuera
con que taparlas. Más suerte tuvieron
Adán y Eva porque el paraíso,
aunque perdido, no era artificial.

6. Los olvidados

Hay un recuerdo en la gente noble
para los olvidados de la Tierra,
quienes fueron tratados como peana
para realce de los poderosos.

Sin lápidas sus nombres, ni una flor
hoy adorna la tierra en que murieron.
En la vida y la muerte ignorados,
Dios los mantiene en su eterna memoria.

Callada gloria de los olvidados,
que en el campo de Dios las buenas siembras
acaban en fructíferas cosechas
que atesoran los silos celestiales.

7. Dios

Ya que hablamos de Dios, que sea hasta el fondo
en el mustio Occidente do el ateo
proclama su anti-fe como un trofeo.
Ya que hablamos de Dios, que sea hasta el fondo.

Dios no está ahí para apoyar políticas.
Dios no está ahí para recetas mágicas.
Dios no está ahí para incitar a guerras.
Dios no está ahí para que surjan odios.

Dios está ahí porque somos su hechura.
Dios está ahí porque nos quiere libres.
Dios está ahí porque somos sus hijos.
Dios está ahí como fuente de amor.

Ya que hablamos de Dios, que sea hasta el fondo.

8. Justicia y caridad

"No quiero caridad, sino justicia",
le oí a un sindicalista liberado;
él ignoraba que, hecha la justicia,
le queda a caridad mucho que hacer.

Caridad no son beaterías,
ni ñoñas actitudes bondadosas.
La caridad supone siempre un riesgo
porque el riesgo se da cuando se ama.

Toda justicia se haga cuanto antes,
clamar contra la caridad es necio,
porque es el otro nombre de amistad,
el cimiento de toda convivencia.

Civismo

1. Fauna política

Mirad a esos políticos moverse
bamboleando en vanas ambiciones.
Pregonan que se afanan y que atienden
a la urgente necesidad del pueblo.

Mirad a aquellos que con manos largas
se apropian de una parte del botín
que es fruto del trabajo de millones
de siervos de la gleba del Estado.

Mirad en qué poco aprecian la poesía
de la corriente vida ciudadana:
cómo se las ingenian entre ellos:
una mano lavando la otra mano.

2. Contra el miedo

Nos haría falta aquí unos Quevedos:
"No he de callar por más que con el dedo,
ya tocando la boca o ya la frente,
silencio avises o amenaces miedo".

Porque es necio creer en las palabras
cuando espejo no son de realidades.
Como un ensalmo pronuncian "democracia"
cuando solo es poder de cuatro gatos;

son felinos que saben manejarse,
con pisadas astutas y ocultando
las garras que, en sordina, arrebatan
lo que otros sembraron con trabajo.

3. El progresista

Miradlo: él se dice progresista
y es cierto que progresa en sus deseos
de verse como amo, como quien
nunca regresará de su arrogancia.

El progreso invadió lo natural
convirtiendo lo verde en gris oscuro.
Ahora hay que ser conservacionista
para al menos quizá salvar los muebles.

Progreso es tan solo una palabra.
No vale idolatrarla porque puede
que en su nombre progrese la impostura
haciéndose pasar por honradez.

4. El conservador

La cultura, en gran parte, es tradición,
no es posible empezar de cero
y hacer tábula rasa del pasado:
sería como quedarse sin memoria.

Pero hay latas en conserva que caducan.
Es un buen hábito tirar lo que no se usa.
De vez en cuando hay que limpiar la casa
y prepararla para nuevos muebles.

No te aferres a lo que ya tuvo su tiempo
y deja que florezcan primaveras
y que lo nuevo irrumpa con su canto,
como miles de aves renacidas.

5. Saturno Estado

Nosotros los que hicimos el Estado,
no el Estado quien nos hizo a su gusto.
Hay que poner un freno a esa boca
de Saturno tragándose a sus hijos.

Estado es una entidad abstracta
que luego se concreta en un gobierno
de gente más o menos hábiles
que tienen siempre nombre y apellidos.

Ellos actúan en nombre del Estado
que somos todos, pero no lo somos,
porque ellos componen la farándula
de la que solo somos asistentes.

6. Corrupto

¿En qué momento la mente del político
empieza a darle vueltas a la idea
de que robar es gaje del oficio
y protegido por la inmunidad?

¿En qué momento piensa que sus actos
no son delitos sino una prebenda
por su trabajo en favor del pueblo
que tan felizmente lo ha elegido?

¿Cómo no nota el olor nauseabundo
de algo que se pudre en la conciencia
que obligará a dedicar continuas
ofrendas al altar de la mentira?

¿Cómo no aprende en cabeza ajena
de otros ya juzgados, condenados?
Es que cuando se ha dado el primer paso
le nubla la mirada la codicia.

7. El ideólogo

Aparta ya de mí tu ideología
porque no es para nada pensamiento,
sino una mezcla de medias verdades
y útil mentira; alegato burdo

para hacerte sin más con el poder.
Qué forma de estropear dos bellos términos,
eideia, *logos*, que es un ver la entraña
del lúcido corazón de la verdad.

Tú con tu ideología de quita y pon
te crees que has llegado a lo profundo,
cuando solo son frases panfletarias
o esas de las galletas de la suerte.

8. El cínico

"Cínico lector, mi semejante, hermano"
diría imitando a Baudelaire.
Acaso alguna vez cínicos somos
en esta sociedad de la apariencia.

Nuestro cinismo es por transmisión
de los clanes políticos donde nada
de por sí vale, donde el trapicheo
está en lugar de aquella "salus populi",

meta de la política decente.
El cínico de hoy es un capullo
que aflora falso en una flor fallida
con múltiples semillas de mentiras.

9. Soberanía popular

Me gustaría encontrarme alguna vez
con la soberanía popular. Mirarla
y ver si es pueblo pueblo o un fantasma
fabricado para uso de políticos.

Porque a ti y a mí, que somos pueblo,
y lo mismo millones de personas
solo se nos permite que votemos
y luego hacen de su capa un sayo.

No me digas ya más eso de que
El pueblo unido jamás será vencido,
porque lo que está unido es el Poder
no tuyo y mío, sino de unos cuantos.

Tu voto, como el mío es una gota
que va al mar del Poder y se diluye.
Yo ya no voto y usaré esa gota
como mínima lágrima protesta.

10. Dictaduras

Yerran quienes solo ven dictaduras
en bigotes crueles y millones de muertos,
en la inhumanidad que se presenta
como progreso en el camino humano.

Hay dictaduras que buscan su ropa
en grandes almacenes democráticos
y, disfrazadas, venden sus figuras
con labios tan pintados como falsos.

Para reconocer sus trampantojos,
hay una regla: si es que poco a poco
mengua la libertad del individuo
y se ensancha la panza del Estado.

Sociedad

1. Pasivos

No sé si hubo en la historia un mejor tiempo,
ni importa porque este es el que cuenta,
donde el cinismo como un pavo real
ostenta sin pudor todas sus plumas.

Mirad a tanta gente atareada
en el forzoso afán de cada día,
y dejando que unos pocos decidan
hasta el detalle mínimo de vida.

Los niños poco pueden aportar
estando aún en mallas de inocencia.
Los viejos se aclimatan a lo que hay
sin fuerzas ya para cualquier protesta.

Pero, ¿qué hace la población madura,
al menos en teoría? ¿Por qué callan
y en una servidumbre voluntaria
aplauden con las manos del silencio?

2. Money

Miradlos cómo buscan el dinero
como si en ello se les fuera el alma,
y sí que se les va porque al final
tienen todos por cara la cara

de moneda sin cruz en el anverso.
Cada uno se hace a lo que ama.
El amor al dinero los convierte
poco a poco en huchas de codicia.

Amasar y amasar, cuanta más masa
más grande es la pizza de su orgullo,
faltando siempre entre los ingredientes
el sabor generoso del orégano.

3. Sucio, limpio

Hay quien se empeña en ensuciarlo todo,
en no creer que haya algo limpio
al menos como intento. Aunque siempre
pueda el pie tropezar en una piedra,

aprendemos también de las caídas.
Casi nunca la flecha va a la diana:
en el punto de mira está lo bueno,
aunque solo toquemos su rebaba.

4. Inevitables vicios

Me dices tú: "El vicio es tan humano..."
Te lo puedo admitir, que lo prohibido
o el posible peligro o lo diverso
han aprendido el canto de sirenas

y atraen con un inicio muy gustoso.
Pero no olvides que el vicio es un hábito
que lleva a hundirse en un hoyo ciego
que te deja sin ver la luz del alba.

Sin olvidar que hay vicios que trascienden
el limitado mapa de la piel
y van contra el derecho de los otros.
El vicio más sangrante es la injusticia.

5. Cumplir un sueño

Pocas frases resultan más gastadas
como "cumplir un sueño", pero siempre
se usará, porque nada en la Tierra
logra la poderosa plenitud

que acalla por completo los deseos.
Tendría que dar mucho que pensar
la permanente insatisfacción
de no encontrar el juguete justo.

Se olvida que los sueños tienen siempre
despertares, que las mañanas muestran
las piezas desmañadas e incompletas
de uno más de los juguetes rotos.

6. La vergüenza

¿Sabéis adónde ha ido la vergüenza?
Estaba por aquí hace ya tiempo
pero últimamente no aparece
o si aparece lo hace sin vergüenza.

"De nada me arrepiento", dice mucho.
O "todo vale, la vida son dos días".
Y se pasea en topless por las calles
mostrando sin pudor su celulitis.

¿No le dará vergüenza a la vergüenza
haber perdido las buenas maneras?
También su identidad: si no hay vergüenza
queda la realidad desvergonzada.

Ten valor y vuelve a tu vergüenza,
a ese rubor que tan bella te hace,
a ese ladear el rostro a la manera
de aquella Venus, la de Botticelli.

7. Arrugas

Qué tonteo tienen hoy tantas y tantos
en impedir a la vejez que viva
su natural arruga, su piel blanda:
señales de que fue en su tiempo tersa.

Le tienen ojeriza a las ojeras.
Y se avergüenzan de que la papada
exhiba su abundancia o sus sobrantes,
muy harta ya de sostener la testa.

En un intento de parar el tiempo
viejas y viejos bailan, descosidos.
El bótox inunda las cansadas células
convirtiendo la cara en una máscara.

¿No dicen valorar lo natural?
Natural es que el tiempo abra surcos
en el campo de piel con que nacemos:
que es la sabiduría terreno arado.

Lo individual

1. Sé tú mismo

No pierdas nunca tu individualidad.
Aunque cantes en coro, es tu voz
la que, con otras, hace la armonía
que es tuya y es de todos, como el mar.

No es egoísmo y no es amor propio
en mal sentido, es reconocer
que así es la realidad, que cada uno
tiene en su frente escrito su destino.

2. Muerte

Es verdad que nos nacen y nos crían
con amoroso acompañamiento,
si tenemos la inmerecida suerte
de ser amados aun siendo embriones.

Pero morimos solos, aunque haya
miradas compasivas de despido.
La muerte es un trabajo personal
para el que nunca existirá un suplente.

3. Comunitario

Hay un común que es como un prado ameno
donde cada individuo encuentra dicha.
Pero hay comunidades que funcionan
tan solo en beneficio de los jefes.

Mira antes qué tipo de común
te pide que te entregues. Desconfía
del colectivo que con malas artes
a las almas convierte solo en números.

4. Colectivo

No me incluyáis en ningún colectivo.
Respeto a quien le guste el calorcillo
que da la lana en medio del rebaño,
pero prefiero helarme por mi cuenta.

El colectivo si colectiviza
arduo será descolectivizar.
El nombre personal se habrá perdido
en la viscosa masa del engrudo.

5. Como tú, nadie

No hay nadie como tú, pues eres único.
Y esto vale para miles de millones
de individuos que pueblan el planeta.
No se repite el molde. Todo es nuevo.

Y no pienses que eso sea orgullo,
ni arrogancia o soberbia, es tu don.
Con él naciste y de ti depende
que se alce al fulgor de las estrellas.

6. Humildad

No digas jamás que eres humilde
que eso demostraría que no lo eres.
La humildad ni a sí misma se conoce,
pues vive una ignorancia transparente.

La humildad no es autodesprecio,
ni está reñida con la autoestima.
Pero no se dedica al autoanálisis,
que su verdad está toda en el silencio.

La humildad no sabe el bien que hace:
como la lluvia cae y es ignorante
de que sus besos llenen la pradera
de tierna yerba, de flores, de vida.

Interioridad

1. Hacia dentro

Escarba en tu interior hasta que encuentres
el hondón desde el que todo fluye.
Deja la superficie lisa y plana
como helipuerto de las negras moscas.

Lo hondo del espíritu no es
simple modo de hablar, ni fantasía.
Lo hondo es manantial que al surgir sueña
con la ancha hermosura de su río.

Si vas a tu interior quizás encuentres
esa paz que sabe a pan reciente,
con la suave corteza de esperanza,
y la miga de días con mucha miga.

2. Oración

No es oración el solipsista empeño
de dar con las entrañas de tu yo,
por mucho que disfraces ese intento
como meditación trascendental.

Oración siempre es hablar con alguien,
en diálogo de amor: se habla, amante,
y escuchar es amar. No es parloteo
sino el sencillo discurrir del alma.

3. Interior y exterior

Cuando decimos que es bueno lo interior
no es para escondernos en las cuevas
del solipsismo, ni para enfeudarnos
en la contemplación del propio ombligo.

Del fecundo interior nacen las obras
que nos miran como se ve al autor.
El interior actúa en lo exterior
a través del prodigio de las manos

que construyen, que tocan, que fabrican,
que pintan, que urbanizan, que levantan,
que dirigen, que enseñan, que producen
la prodigiosa variedad del mundo.

4. Contemplar

Contemplar es quedarse transido
ante algo grande y bello. Contemplar
es ver de la verdad la desnudez.
Contemplar en cavar hasta lo hondo

donde ya no se encuentran superficies.
Contemplar es callar, cuando el silencio
es el camino del descubrimiento
de las ocultas simas de las almas.

5. Deseos

Hay deseos caprichosos y triviales
que con facilidad dejan de serlo,
como desiste el zorro de la fábula
de las uvas que dice no maduras.

Mas hay otros deseos que se originan
en el fondo del alma y nunca cesan.
Así es el deseo de plenitud,
el de tenerlo todo, ahora, ya,

como eran los deseos de la infancia.
Deseo presente de nunca morir,
que el corazón prosiga con sus saltos,
que no pare la rueda de la vida.

que el año fuera siempre primavera,
que en los ojos no fluyan cataratas,
y que ese perdido paraíso
lo encontremos a la vuelta de la esquina.

Clamores

1. Lo más

Por nada tanto se ha clamado siempre,
y nada con más fuerza deseada.
Nada ha faltado tanto haciendo falta.
No tienes que acertarlo: es la justicia.

2. La raza

Ya es hora de que se haga convicción
que solo existe una raza humana.
Las que se llaman falsamente razas
son variaciones, como los colores

de la paleta de un artista. Nada
sería tan bello si faltasen. Todo
se hace más grande cuando los contrastes
brillan en el amor a la igualdad.

3. Verdad

Si nos la imaginamos como antaño
en majestuosa figura de mujer,
hoy la veríamos como plañidera
desconsolada de su propia ausencia.

Muy colmada de afeites y de ácido
hialurónico está la posverdad,
intentado que pase por belleza
la mentira, en su rígido rictus.

No, compañeros, no hacemos la verdad.
Ella es la que enamora, la que tiende
hacia nosotros sus manos abiertas
y espera que digamos que la amamos.

Si amas la verdad habrá en tu pecho
una manantial de paz y así tus obras
serán como los cursos de mil ríos
que llenan de alabanza las llanuras.

4. Guerras

Nadie quiere la guerra, pero hay guerras,
que el odio sí, eso sí se quiere.
En el odio se cría a mucha gente
desde la cuna hasta empuñar un arma.

"Si vis pacem, para bellum", traduzco
"prepara la guerra si quieres paz"
Hay guerras que en origen son injustas,
alimentadas de ambición soberbia,

y hay otras de legítima defensa:
hacerle frente al ofensor injusto
y no quedarse quietos como ovejas
que asumen lo fatal del matadero.

Refocilándose en esta diferencia,
hay gente que alimenta los conflictos
y trabaja sin tregua creando armas
para hacer el desarme irrealizable.

5. Lo prohibido

No es novedad: desde Adán y Eva
hay un deseo curioso e inquietante
de probar lo prohibido, de vivir
el vértigo de lo desconocido.

Desear incluso un mal posible.
Se desea que siempre existan ansias,
porque sería una muestra de estar muerto
 no sentir la saeta del anhelo.

Probado lo prohibido, es posible
que quede el quemado palitroque
de un cohete que ardió por un momento:
un instante de gloria. Luego, nada.

Palabras

1. Modas

Hay palabras que siempre se mantienen;
otras de breve vida y sujetas
a antojadizas y cambiantes modas;
esas pueden morir por el desuso.

Pobres palabras que ya nadie usa,
clamando por ser dichas, quizá escritas,
buscando un aire que las articule
y no sean sus tumbas diccionarios.

Otras, en cambio están por todas partes,
camino de ser tópicas, frecuentes,
peripuestas, coquetas, parlanchinas.
Van a continuación algunas de ellas.

Prefiero las palabras que te llevan
a suaves curvas de significado.
Como son *soledad* y *plenilunio*
o la que todo encierra, que es *amor*.

2. Empatía

Lo siento, pero cada vez que oigo
la palabra *empatía*, tan de moda,
me produce una cierta antipatía.
La palabra no tiene culpa alguna,

su sentido de identificación
con el sentir de otro es claro y justo.
Es la repetición la que la lastra
"yo empatizo", que si "empatizamos..."

Ya había una palabra para eso,
también de origen griego y más sencilla,
con el sentido de sentir con otro
y esa bella palabra es *simpatía*.

3. Heteropatriarcado

Pobre de ti si eres hetero y padre,
arderás en el fuego preparado
por feministas locas que translocan
el sentido profundo de *mujer*.

La inmensa mayoría de los hombres,
y me refiero ahora a los varones,
son buena gente, trabajan y cuidan
con amor a sus hijos, si los tienen.

Mas basta que haya un energúmeno
que dé en maltratar a una mujer,
para que esos prendan sus hogueras,
que tienen un sabor a Torquemada,

 y no solo al criminal condenen,
que es justo, sino al concepto mismo
de ser hombre, varón. "¡Es malo en sí!,
¡es la infamia del heteropatriarcado!"

4. Cancelación

Se extiende una forma de incultura
que intenta cancelar lo que no gusta,
por ser pecado sin ánimo de enmienda
contra la santa corrección política.

Saturno ya no puede devorar
a sus hijos, ni el mismísimo Zeus
raptar a Europa: violencia machista.
A Medea no la haremos matricida

sino empleada en un jardín de infancia.
Enviemos los mitos al trastero,
cancelemos, cancelemos, cancelemos,
hasta que solo quede la ignorancia.

5. Género

Ya no se sabe qué puede ser *género*,
una ambigua palabra polisémica.
Es masculino, femenino y neutro.
Género no binario, ¿qué sería?

Luego está la violencia de género,
solo si es la víctima mujer
¿Pero qué género es si una mujer
maltrata a otra o incluso la mata?

¿De qué género son estos poemas?
¿En qué consiste el género humano?
En nuestra tienda no hay de ese género.
Oh, sí vayamos todos, yo el primero

por la expedita senda de los tópicos
de género, y la palabra quede
en el género de esas que se usan
atropellando su significado.

6. Memoria democrática

¿Qué es eso de *memoria democrática*?
De qué cráneo tan privilegiado
surgió esa expresión limitadora
y derivada de una redundancia:

lo de *memoria histórica*. La historia
es memoria, sin más, y abarca todo,
lo democrático y lo no democrático,
lo que ya fue y ahora se recuerda.

Limitar la memoria es ideológico,
es manipulación de lo pasado,
es intentar fabricar un presente
para uso del Poder y sus enanos.

7. Empoderar

Empoderar es dar poder a alguien,
y aunque con el poder hay que ir con ojo,
porque tiende a crecerse y ser despótico,
no tengo nada contra la palabra.

Entiendo menos que "empoderamiento"
se aplique casi siempre a la mujer.
"¡Es que durante siglos no han tenido
poder alguno, esclavas de los hombres!"

Aparte de que hay miles de casos
antes y ahora en los que las mujeres
tienen a muchos hombres sometidos,
no se trata de eso. Es la palabra

la que hay que limpiar, sin la pelusa
de género, devolverla al tesoro
de la lengua y que siga su curso
sin esas garrapatas ideológicas.

8. Cambio climático

El clima, porque es clima, cambia siempre,
pero dicen que ahora cambia en forma
trágicamente drástica y arruina
el viso hermoso de la Naturaleza.

Desconozco la ciencia que hay tras esos
anunciantes de caos, pero sé,
no ahora, desde siempre, que debemos
tratar lo natural con el esmero

que espera de nosotros lo creado.
Así lo hacía hace siglos san Francisco
cuando cantaba a la hermana agua,
que "es muy humilde y preciosa y casta".

Ese es el reciclar que se precisa,
además de las bolsas de basura.
Asombrarse ante todas las criaturas
y mimarlas con manos amorosas.

9. Soledad

Soledad es palabra singular
que admite el plural de soledades,
y ese giro en sí gramatical
descubre resonancias filosóficas.

Triste y doliente la soledad forzada,
pero hay una jubilosa soledad
con la dicha del amor de amigos
que respetan la mutua independencia.

Eso no es soledad, son soledades,
son veredas distintas que se cruzan,
comparten alegrías y tristezas
y cada uno sigue su camino.

En cualquier caso, el refranero acierta
cuando con un aparente egoísmo
dejó ese dicho que bien entendido
da en el clavo: el buey solo bien se lame.

10. Amistad

Amistad es un lazo sin cadena.
Amistad es un juntos separados.
Amistad es compartir memorias.
Amistad es descartar olvidos.

Amistad es buen humor sin hieles.
Amistad es cosecha sin sobrantes.
Amistad es una paz diaria.
Amistad es árbol de hoja no caduca.

Amistad es compartir fatigas.
Amistad es administrar silencios.
Amistad es pasión sin sobresaltos.
Amistad es presencia en las ausencias.

Eso es así: "quien lo probó lo sabe".

11. Amor

Palabra *amor*, qué haremos contigo,
polisémica, amplia, inabarcable,
que lo mismo sirves para un roto
que para un cosido. En cuatro letras

se puede resumir toda la gama
de pasiones contrarias, porque acaso
el mismo amor se nos convierte en odio,
o en algo aún peor: indiferencia.

Si yo pudiera, puliría tus trazos,
los lavaría con manantiales aguas,
para que únicamente designaras
el amor al amor, el bien del otro.

12. Todo

Como concepto y voz me asusta *el Todo*,
que no puedo decir *fuera del Todo*,
porque ese *fuera* estaría en el Todo;
paradójicamente dentro y fuera

del Todo. No hay posible pensamiento
que abarque el Todo a no ser la Nada.
Es una de las trampas del lenguaje,
de sus sutiles y tenues barrotes

de los que escapar quieren las hipérboles
inútilmente porque "todo el mundo"
significa tan solo "unos cuantos":
nunca es posible completar el Todo.

Las aporías del Todo sí demuestran
que el ser humano siempre está incompleto
y que nos afanamos por llenarnos
de muchos algos, pero nunca Todo.

Familia

1. Madre

Ser una mala madre está mal visto,
pero son casos raros, no frecuentes.
Lo usual es que una madre se desviva
literalmente por el bien del hijo.

Tan solo en el amor de madre se ama
lo que de forma literal y estricta
ha sido cuerpo de su cuerpo y corazones
latiendo juntos en la misma piel.

Filii matrizant, decían los romanos.
Los hijos siempre salen a las madres.
Ser acunado en brazos días y días
da a la carne del hijo o de la hija

un invisible tatuaje mudo,
un mapa del cariño recibido.
Un amor tan intenso e insondable
que en vano intentamos devolverlo.

2. Padre

Harto estoy de que en obras de ficción
se represente malamente al padre:
"Se fue a comprar tabaco y no volvió".
El necio vicio de generalizar.

No pudo ser mi padre más cercano.
Lo dio todo por sus hijos e hijas.
Atento al día, adivinando qué
queríamos o soñábamos despiertos.

Así también millones de personas,
hijos e hijas de padres heroicos:
resisten en silencio el sufrimiento
para librar de él a los que quiere.

3. Hermanos

No se valora como se merece
el amor entre hermanos. Son con ellos,
y con ellas, con quienes coexistimos
más años. Dejan de ser los padres,

pero son las raíces de ese origen
las que confieren al amor de hermano
algo distinto al de cualquier afecto:
haber sido queridos juntamente.

Pueden los hermanos distanciarse,
enemistarse incluso, pero si uno
por infortuna necesita apoyo
la conciencia fraterna se despierta:

pocas cosas más bellas en el mundo
que el abrazo entre hermanos, semejante
a la yedra que con sus verdes dedos
se une al tronco en silencio emocionado.

4. Abuelos

La alegría de la abuela y del abuelo
es estar con los hijos de sus hijos.
Es algo así como amor al cuadrado,
reflorecer las rosas en otoño.

Ya descontado el riesgo de ser padres
el amor a los nietos y a las nietas
es un mar de ternura y tolerancia:
todo lo pasa, todo lo perdona.

De confianza son prados seguros,
de confidencia, llanuras abiertas.
Harán bien los nietos y las nietas
en disfrutar de ese sabor de vida.

Bellezas

1. Lo natural

Dejad lo natural que se presente
en su prístina forma originaria.
Dejad al bosque en su rumor interno
y al río en todas sus cantantes aguas.

Dejad que el lirio al natural se curve
y a la yerba su estremecido verde.
Dejad al animal que ande a su aire
que él solo sabe lo que conviene.

Dejad que el aire deje ver estrellas.
Dejad que el viento sople donde quiera.
Y cuando la Naturaleza quede suelta
entenderéis al fin lo que es belleza.

2. Gemas

Todas preciosas las semipreciosas
que el semi es algo que huele a dinero.
No son el adorado oro, no la plata
que es luna, ni el platino que es agua,

o el zafiro, el rubí o la esmeralda.
o la esquiva belleza del diamante.
Pero qué hermosa la malva amatista,
o el jade en su amarillo silencioso,

o el lapislázuli de ese azul potente.
O la pirita que ennoblece al cobre.
o el azabache que engaña a la noche.
Sois lo bello y humilde, que es más bello.

3. De árboles

La tierra horizontal se aburriría
si el árbol no le diera vertical.
Ahí está el noble roble. Ahí el haya
que en otoño es paleta de colores.

La encina umbrosa, el pino derramando
resina. Y el temblor de los álamos.
Aplaude con sus hojas el castaño.
Sube el ciprés, ansioso de lo alto.

El suave ginkgo abanica el aire.
Amo todos los árboles, si me pierdo
siempre me encontraréis acariciando
la blanca piel del místico abedul.

4. Música

La música va en principio al oído,
pero se trata solo de la puerta,
luego se adentra no se sabe dónde,
para inundarlo todo como lluvia

que, hecha de gotas notas y silencio,
encuentra en el espíritu al gemelo
del que nunca quisiera separarse
porque nacieron de la misma madre.

La madre es la belleza que se encuentra
solo si se la busca por sí misma,
dejando a la gris utilidad
que se afane contando calderilla.

5. Pintura

Cuando pintas te atrapan los colores,
las líneas, los escorzos, la inaudita
música latente siempre en el diseño,
porque las pinceladas son arpegios.

Como la música, el pintar es tiempo,
un tiempo solo suyo, incalculable,
tiempo donde con muy leves matices
se plasma para siempre su pasado.

6. Danza

La danza es la música del cuerpo
solo si con el cuerpo baila el alma.
Danzar es salir de la rutina
donde los músculos suelen dormitar.

Danzar no es moverse por moverse
sino expresar, en incontables giros,
los pliegues que a lo largo de los siglos
ha ido adquiriendo la condición humana.

7. Escultura

La forma estaba ahí desde el principio
y estar debe en la mente de quien puede
extraerla en la gloria de sus pliegues
y alzarla al aire que es su nuevo mundo.

Cien veces contemplé el Apolo y Dafne,
de Bernini, y asistí extasiado
a cómo las marmóreas manos de ella
se hacían frágiles ramas de un laurel

en que Dafne risueña se convierte
feliz de defender su libertad.
Y el dios Apolo ha de contentarse
si acaso con dormirse en los laureles.

8. Tallar madera

De niño vi a mi padre tallando la madera.
Miraba sus cuidadas herramientas,
formón, escoplo, escofina, gubias,
y los pequeños mazos y las limas.

En prisma de nogal trazaba curvas
de lo que al fin del día resultaba
una limpia columna salomónica
bautizada después con nogalina.

Todo en silencio, ensimismado, atento
a las posibles trampas de las vetas.
Y solo hasta muy tarde he sabido
que soy, sin merecerlo, hijo de artista.

9. Artista

Quien acierta a dar forma a lo bello
y presume orgulloso de su obra
no es de verdad artista, que el artista
de verdad es un insatisfecho.

Lo veo en estos versos que me dejan
un sabor a incompleto y unas ansias
de llegar con brazos temerosos
a abrazar por completo a la belleza.

Y de pronto me viene un sentimiento:
busca siempre, no pares de intentar,
que ese sufrimiento que te inquieta
es muestra de que estás en el camino.

Quizá no llegues nunca y tus obras
se deshagan en manos del olvido,
pero mientras duró estuviste cerca
de besar con tus ojos la hermosura.